Grenze des Lebens, aber nicht der Liebe

Tröstende Gedanken für Trauernde

Irmgard Erath

Fotokunst-Verlag Groh
Wörthsee bei München

Das Schwerste, was das Leben uns abverlangen kann, ist der Abschied von einem geliebten Menschen, der uns für immer verlassen hat. Da steht auch unser Herz für einen Augenblick still – ungläubig – fassungslos! Es ist, als hätten alle Uhren aufgehört zu schlagen, als wäre plötzlich eine Türe ins Schloß gefallen, hart, unwiderruflich. Wir sind allein!

Mit jeder Faser unseres Herzens wehren wir uns gegen das, was geschehen ist. Jeder unserer Gedanken lehnt sich dagegen auf. Dahinter steht das Wissen um die Unabänderlichkeit und Endgültigkeit des Geschehenen, das uns gleichzeitig auch unsere ganze Hilflosigkeit und Ohnmacht empfinden läßt: Wir fühlen uns wie ein kleines Boot, das ziellos auf dem Wasser treibt, auf einem Meer endloser Traurigkeit. Und zu dieser inneren Verlassenheit kommt das Gefühl, so vieles versäumt zu haben: Wie oft hätten wir doch etwas Schönes sagen oder mit einer liebevollen Geste die dunklen Schatten zwischen uns vertreiben können! Wie sehr hatte der andere vielleicht auf unser Entgegenkommen gewartet! Aber nicht nur das, was wir versäumten, ist unwiederbringlich verloren. Auch all unsere gemeinsamen Pläne und unsere Träume, unsere Hoffnungen und Erwartungen sind ins Nichts versunken. Und all das Schöne, das wir zusammen erlebt haben, geht unter in Trauer und Schmerz.

Nichts ist mehr, wie es war. Die Sterne glitzern zwar in der Nacht, als wäre der geliebte Mensch noch an unserer Seite, aber sie sind uns so furchtbar fremd geworden. Die Sonne steht am Himmel, als wäre nichts geschehen, sie scheint noch genauso hell, aber unter ihren Strahlen frieren wir. Die Welt ist kalt und dunkel – auch am hellichten Tag! Und kalt und dunkel ist es auch in uns. Wir spüren nur noch dieses tiefe Verlangen, in Trauer und Schmerz zu versinken, darin unterzugehen.

Schmerz! Trauer! Ohnmacht! Es gibt keinen Weg für uns, der daran vorbeiführt. Wir müssen diese Gefühle annehmen, dem Schmerz Raum geben und der Trauer Zeit lassen. Denn nicht durchlittener Schmerz läßt Bitterkeit zurück, und unbewältigte Trauer macht hart und verschlossen. Sie läßt keinen Lichtstrahl, keine Wärme mehr ins Herz. Sie hüllt alle unsere Empfindungen und Gefühle ein und drängt sie bis ins Innerste unserer Seele zurück. Wir verschließen uns allem und jedem.

Die Trauer ist die einzig mögliche Antwort unseres Herzens auf den Tod eines geliebten Menschen. Sie ist etwas so Tiefgreifendes, daß sie uns und unser weiteres Leben prägen wird. Und sie braucht Zeit, viel Zeit. Aber sie darf nicht zu einer dauernden Zufluchtsstätte für uns werden. Wir müssen versuchen, uns wieder von ihr zu befreien, bevor sie zu einem gefährlichen Strom wird, der alle Lebensfreude mit sich fortreißt. Wir dürfen nicht zulassen, daß sich unser Herz so sehr in der Trauer verliert, daß es nicht mehr die Kraft findet, sich wieder dem Leben zu öffnen.

Wir können das Leben neu bejahen und uns dennoch eine tiefe Verbundenheit bewahren; jene Verbundenheit, die von unserem Glauben an die Macht der Liebe, von unseren Erinnerungen an das gemeinsam Erlebte und von unserer Dankbarkeit für die einander geschenkte Nähe und Geborgenheit getragen ist.

Glaube, Liebe, Erinnerungen, Dankbarkeit – sie bilden diese wunderbare Brücke, die uns innerlich miteinander verbindet; eine Brücke, über die wir immer wieder gehen und einander jeden Augenblick nahe sein können.

Von dem Menschen,
den du geliebt hast,
wird immer etwas
in deinem Herzen
zurückbleiben:

etwas von seinen Träumen,
etwas von seinen Hoffnungen,
etwas von seinem Leben,
alles von seiner Liebe.

*So wie der Fluß
seinen Ursprung in der Quelle hat
und unaufhaltsam seinen Lauf nimmt,
um im Meer Ziel und Ruhe zu finden,
so hat der Mensch seinen Ursprung in Gott
und geht unaufhaltsam seinen Weg,
bis er in der ewigen Liebe Gottes
seine letzte Bestimmung findet.*

Trauer
  Schweigen und grenzenlose Leere,
  Schatten des Unwiederbringlichen
  auf endlos scheinenden Wegen,
  dunkle Stunden auch am hellichten Tag ...

Trauer
  Kleine Lichter der Erinnerungen
  im Meer zahlloser Tränen,
  in der Einsamkeit des Herzens
  Momente inniger Verbundenheit
  mit dem Menschen, den wir liebten ...

Tröstende Blicke
sind wie kleine Lichter,
die in die Enge und Schwere
tiefer Dunkelheit leuchten.

Tröstende Worte
sind wie Sonnenstrahlen,
die durch die Dachluke scheinen
und vom blauen Himmel draußen
erzählen.

Tröstende Nähe
ist wie der silberne Schein des Mondes,
der den Weg durch unser Fenster findet
und uns das Gefühl der Einsamkeit
nimmt.

Ich wünsche dir Menschen,
die dir die Nähe schenken,
die du jetzt brauchst.

So fern und doch so nah,
wie sich das weite Meer
und der endlose Himmel sind,
wenn sie am Horizont
ineinanderzufließen scheinen,
so eng verbunden
und doch so weit entfernt
sind Diesseits und Jenseits,
sichtbare und unsichtbare Welt.
So fern und doch so nah
sind die Menschen,
die uns verlassen mußten
und doch immer zu uns gehören.

Sterben ...
Augenblick,
in dem Himmel und Erde,
Diesseits und Jenseits,
sichtbare und unsichtbare Welt
sich berühren ...
Augenblick,
in dem Dunkelheit und Licht,
Ende und Neubeginn,
Zeit und Ewigkeit
sich still begegnen ...
Augenblick,
in dem nur noch die Liebe zählt.

Auf dem Weg durch die Trauer
leuchtet uns der Glaube.
Er läßt unsere Sehnsucht
nach Unsterblichkeit
zu der im Innersten spürbaren
Gewißheit werden:
Unser Leben hat einen höheren Sinn,
eine ewige Bestimmung.

Auf dem Weg durch die Trauer
stärkt uns die Hoffnung.
Sie läßt uns darauf vertrauen:
Sterben ist ein Weg. Er führt
in die größte und tiefste Geborgenheit:
in die Geborgenheit Gottes.

Auf dem Weg durch die Trauer
tröstet uns die Liebe.
Sie umfaßt und umschließt alles:
Leid und Trauer, Glauben und Hoffnung,
Leben und Sterben, Zeit und Ewigkeit.

Was heißt glauben?
Was heißt hoffen? Was heißt lieben?

*Vielleicht heißt es: keine Heilung sehen
und doch nicht aufgeben; Schmerzen
haben und dennoch die Kraft für ein
Lächeln finden; selbst Einsamkeit erfahren,
aber den anderen Wärme und Geborgenheit
schenken; ohne Antwort bleiben und trotzdem nicht verstummen; keinen Weg mehr
sehen und doch weitergehen; sich aus-
geschlossen fühlen und trotzdem für die
anderen offenbleiben; selbst traurig sein
und dabei die anderen trösten können;
nur Leere verspüren und doch an das Leben
glauben; durch tiefe Dunkelheit gehen
und dennoch Licht ahnen ...*

Herr, laß nicht zu,
daß wir im Dunkel unserer Trauer
die Menschen nicht mehr wahrnehmen,
die an unserer Seite sind
und den Weg mit uns gehen;
die tröstende Worte finden
oder ganz einfach liebevoll schweigen;
die mit uns und für uns beten;
die unsere Hand suchen,
weil sie um denselben Menschen weinen,
der ja nicht nur uns,
sondern auch sie verlassen mußte.

*Gott kennt die Ängste unseres Herzens, er
weiß um unseren innersten Schmerz. Und
er kennt die Trauer, die uns beim Abschied
von einem geliebten Menschen erfüllt.*

*Gott weiß aber auch, wie stark und mutig
unser Herz sein kann. Vielleicht hat er uns
diese Last, an der wir so schwer tragen, auf-
erlegt, damit sich alle unsere inneren Kräfte
mobilisieren; oder er will uns dadurch neue,
bisher verborgen gebliebene Wege führen;
vielleicht kann er über unser Leid Zugang
zum Herzen eines anderen finden, oder er
hat uns damit eine Aufgabe zugedacht, de-
ren Erfüllung uns zu jenem Maß an innerer
Reife führt, das wir sonst niemals erreichen
könnten.*

Ein Herz voller Trauer sucht die Stille.

Stille ist schützend ...
weil sie das Unwesentliche
fernhält und nur das Wesentliche
zu Wort kommen läßt.

Stille ist heilend ...
weil sie den quälenden Gedanken
Raum läßt und den vielen Fragen Zeit.

Stille ist tröstend ...
weil sie eine Zuflucht
für die Hoffnung ist
und den Erinnerungen ein Zuhause gibt.

Stille ist kostbar ...
weil sie uns das wiederfinden läßt,
was wir verloren glaubten:
Vertrauen in das Leben.

Wieder Vertrauen in das Leben haben heißt nicht, den Menschen vergessen, um den du trauerst. Denn wieder neu an die Zukunft glauben kann auch Ausdruck deiner Dankbarkeit dafür sein, daß du seine Nähe erfahren und ein Stück des Weges mit ihm gehen durftest; es kann Zeichen deines Glaubens an die alles überwindende Liebe sein, die keinen Abschied für immer kennt; es kann Ausdruck deines Mutes sein, ihn loszulassen, freizugeben für das andere Leben.

Du brauchst keine Angst zu haben, etwas von dem zu verlieren, was eure gemeinsame Zeit reich gemacht hat. Denn all das, was in deinem Innersten Spuren hinterlassen hat, mag es Schönes oder Schmerzliches gewesen sein, bleibt in deinen Erinnerungen lebendig. Sie sind das Tagebuch deines Herzens, in dem du blättern darfst, wenn du dich nach jenen Bildern sehnst, in denen du Vergangenes wiederfinden kannst.

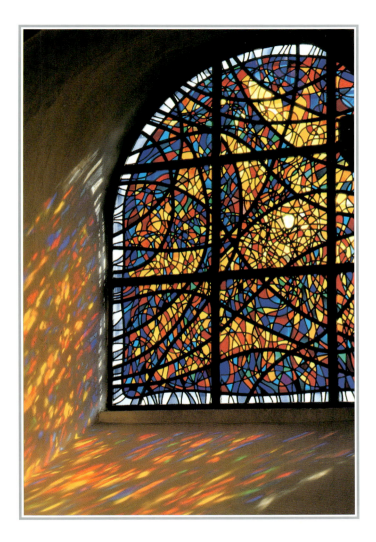

In deiner Trauer wirst du die Stille und das Alleinsein suchen, und doch wird sich dein Herz nach der tröstenden Nähe der Menschen sehnen, bei denen du dich geborgen weißt. Laß dich von ihnen begleiten.

Wenn dir erst einmal bewußt wird, wie sehr wir einander gerade in den schwersten Stunden unseres Lebens brauchen, wirst du nicht nur die Nähe der anderen zulassen, du wirst auch selbst wieder auf sie zugehen können. Und das wird dir den Mut und die Kraft geben, Traurigkeit und Schmerz zu überwinden.

Die Bereitschaft, das Dasein mit all seinen großen und kleinen Geheimnissen und dem, was dir gegeben und wieder genommen wird, zu bejahen und anzunehmen, ist die Quelle jener Kraft, die du jetzt brauchst, um deinen Weg durch die Trauer gehen zu können. Sie ist aber auch die Quelle jener Hoffnung, die immer eine Türe oder ein Fenster offenläßt, und jenes Glaubens, der Berge versetzt.

*Deine Trauer wird zu Dankbarkeit werden,
und die Liebe wird dich eine andere, ganz
neue Nähe erfahren lassen, die keiner
Worte und keiner Berührungen mehr
bedarf; eine Nähe, für die Zeit und Raum
keine Bedeutung mehr haben werden,
weil sie aus dem erwächst, was ihr einander
sein durftet.*

*Und vielleicht wird dich eines Tages gerade
diese Nähe, die dir nichts und niemand
mehr nehmen kann, die Kraft finden lassen,
den Menschen, die nun den Weg mit dir
weitergehen, etwas vom Reichtum deiner
schmerzlichen Erfahrungen zu schenken.*

Trennung - Abschied - Sterben ...
Sie gehören in unser Dasein. Manchmal
gibt uns das Leben aber auch stille Zeichen,
solange wir noch genug Hoffnung und Ver-
trauen haben, daß es trotz allem Schönes
und Wertvolles in ihm zu entdecken gibt.
Solange unser Herz stark ist, wird es auch
Möglichkeiten und Wege finden, noch viele
kleine, unverlierbare Kostbarkeiten einzu-
sammeln.

*Der Tod kann uns von dem Menschen tren-
nen, der zu uns gehörte, aber er kann uns
das nicht nehmen, was uns mit ihm verbunden hat. Denn da sind all die liebevollen
Worte, die sein Mund uns sagte: sie werden
noch lange in unserem Innersten nachklin-
gen; da ist die zärtliche Sorge, mit der seine
Hände uns berührten: sie wird uns auch
weiterhin begleiten; und da ist die Liebe,
die sein Herz uns schenkte: sie wird in uns
weiterleben.*

Die Liebe hat sich gewandelt:
Sie ist nun unendlich zart
und doch stark,
still
und dennoch voller Lebendigkeit,
fern,
aber in jedem Augenblick gegenwärtig;
sie ist geheimnisvoll
und doch ganz klar,
rein und frei
von allen Dingen dieser Welt.
Nun ist sie daheim
in der Geborgenheit des Herzens,
im Schutze der Erinnerungen:
unantastbar,
unbesiegbar,
unverlierbar.

*Im Glauben an die Auferstehung,
in der Hoffnung auf ein Wiedersehen
und in der Liebe,
die wir im Herzen bewahren,
wird die Endgültigkeit
des großen Abschieds aufgehoben.*

*Wo der Tod uns trennt,
baut die Liebe eine Brücke:
die Brücke des Gebets.*

*Das größte Geheimnis
ist das Leben.
Das tiefste Geheimnis
ist die Ewigkeit.
Das schönste Geheimnis
ist die Liebe.*

*Geheimnis,
dem selbst
der Tod
machtlos
gegenübersteht.*

Über die Autorin:
Irmgard Erath, geboren 1944 in Sulz/Vorarlberg. Sie arbeitet
als Sekretärin im Fürstentum Liechtenstein. Früher galten
ihre Interessen besonders der italienischen Sprache und dem
Zeichnen. Nach dem Tod ihres Freundes hat sie im Verfassen von
Aphorismen und Prosatexten zu einer neuen Aufgabe gefunden,
die zu ihrer ganz persönlichen Antwort auf dieses schmerzliche
Ereignis geworden ist. Sie lebt in ihrem Heimatort Sulz.

Die Bilder stammen von folgenden Fotografen:
Titelbild: Günter Vierow
S. 9: Peter Santor
S. 11: Peter Santor, Krka-Wasserfall, Kroatien
S. 15: Elisabeth Fuchs-Hauffen
S. 17: Kuhn/Fenn, Wetterbuchen im Schwarzwald
S. 19: Helmut Mülnikel
S. 21: Maria Schmieden
S. 23: Jürgen Pfeiffer, Frucht des Feuerdorns
S. 25: Doris Klees-Jorde
S. 27: Rudolf Sterflinger, Am Königssee, Oberbayern
S. 29: Reinhard Schäfer, Regenbogen über Bad Pyrmont
S. 31: Paul Kleff, Fenster im St. Patrokli-Dom, Soest, Westfalen
S. 33: Doris Klees-Jorde, Burgruine Rötteln bei Lörrach, Baden
S. 35: Heinz Herfort, Friedhofseingang in Sennestadt, Westfalen
S. 37: Jürgen Pfeiffer
S. 39: Winfried Heidl
S. 41: Jürgen Pfeiffer, Waldrebe (Clematis)
S. 43: Günter Vierow, Mohnblüte
S. 45: Jürgen Pfeiffer, Blick auf die Glarner Alpen, Graubünden
S. 47: Archiv Fiebrandt, Apenninen-Sonnenröschen

© 1996 Fotokunst-Verlag Groh
Wörthsee bei München
ISBN 3-89008-793-0